Brigitte Anna Lina Wacker

LEBEN

LACHEN

LIEBEN

Gedichte und Kurzgeschichten

Herstellung und Verlag
BoD - Books on Demand, Norderstedt
ISBN 978-3-844806281

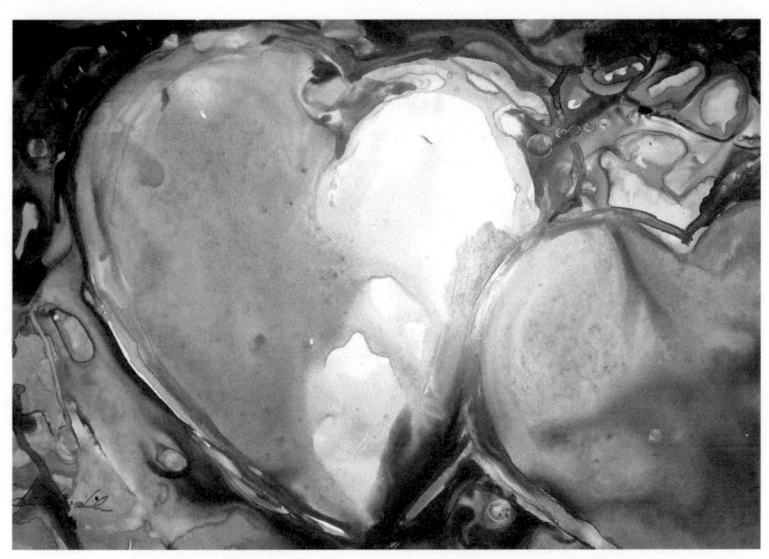

Das erste Mal

Verliebt gewesen, wer weiß, wie oft -
und immer wieder geträumt und gehofft -
geküsst und gelacht in sehr hoher Zahl -
aber lieben und geliebt sein –
das erste Mal.

Du brauchst nicht zu suchen,
du brauchst nicht zu finden.
Alles ist da.
Ob du es siehst oder nicht,
ob du es begreifst oder nicht,
es ist, was GOTT ist:
Absolute Vollkommenheit

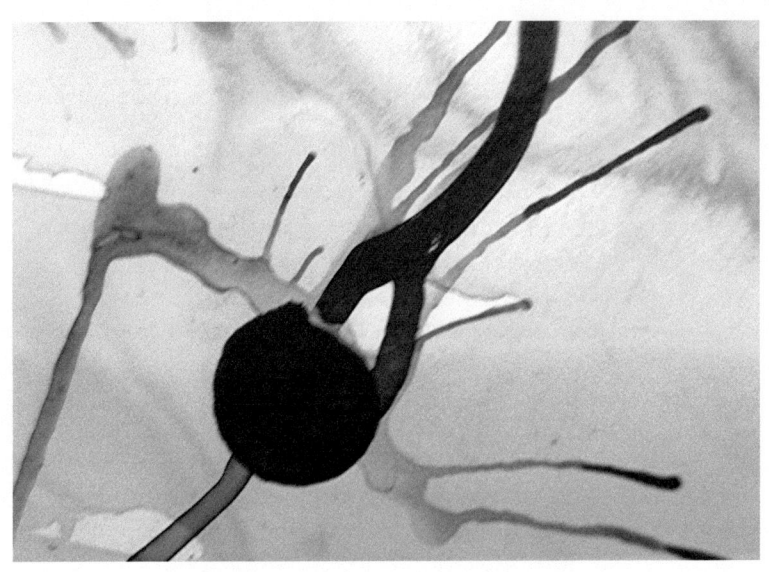

Angst

Du hast Angst vor Nähe,
darum verschließt du dich,
doch die Einsamkeit, die du erlebst, tut dir weh.

Du hast Angst vor der Liebe,
darum ziehst du dich zurück,
doch den Schmerz, den du verspürst, fügtest du dir
selber zu.

Du hast Angst zu vertrauen,
darum zweifelst du – auch an mir,
doch die Trauer, die du fühlst, spüre auch ich.

Liebe meines Lebens

Heute Morgen habe ich dich gefunden,
unter einem Berg von Unzulänglichkeiten,
unter dem Geröll von Angst und verlorenem Vertrauen,
unter spiegelnden Facetten von Trauer und
Verzweiflung,
unter abgewiesenen Zärtlichkeiten.

Heute Morgen habe ich dich gefunden,
hinter Mauern vermeintlichen Schutzes,
ängstlich, vergessen, verloren
unter all den Gedanken aus Müll, was du *nicht* bist.

Ich fand dich endlich wieder,
du Liebe meines Lebens.

Ich will den Staub und den Schmutz von dir wischen,
in meinen Armen will ich dich trösten,
ich will dich mit Wärme beschenken,
mit Zuversicht und Hoffnung.

Ich will dir Nahrung geben und dich stärken,
damit du wächst und hell erstrahlst,
als wärest du nur noch Licht,
gleich einer nie verlöschenden Sonne.

In meinem Herzen sollst du wohnen,
damit ich dich nie mehr verliere
und frei darfst du fliegen,
wohin und wie du willst,
du Liebe meines Lebens.

Erfroren

Heute kann ich nicht schreiben,
heute kann ich nicht malen,
ich bin im Garten der Liebe.
Über Nacht kam ein Frost.
Fast alle Blumen sind erfroren.
Die letzten kleinen Blüten
schütze ich nun mit bloßen Händen,
während heiße Tränen die Erde erwärmen
und das Eis langsam zu schmelzen beginnt.

Liebe

„Ich bin die Liebe",
sprach die Liebe.
„Ich bin keine Verpflichtung.
Ich bin ein Angebot an dein Leben.
Du kannst mich nehmen
ganz und gar.
Du kannst dich mir anvertrauen,
dich in mich geben.
Du kannst mich suchen
und neu entdecken.
Du kannst auch vor mir fliehen
oder die Augen verschließen.
Du kannst mich abweisen,
doch dann wirst du dich nur selbst verneinen,
denn
du bist die Liebe",
sprach die Liebe,
„die Liebe, die ich suchte,
und die ich dir jetzt schenken will."

Frühling

Nein, ich will keine Geduld mehr haben,
will nicht mehr warten, bis die Kälte siegt,
will herausbrechen aus dem Eis
und die Steine am Wegesrand durchdringen.
Ich nehme alle meine Kraft,
lasse strömen und überströmen,
gewaltig und doch so sanft.
Ich will verändern, auch mit Macht,
will Hoffnung geben und Fröhlichkeit,
denn ich bin der Frühling.
Ich will dir Träume schenken und Duft.
In diese Fülle kannst du dich fallen lassen,
vertrauensvoll, dass der Sommer kommt,
in dem die Früchte der Liebe wachsen
und der Herbst dir reiche Ernte schenkt.

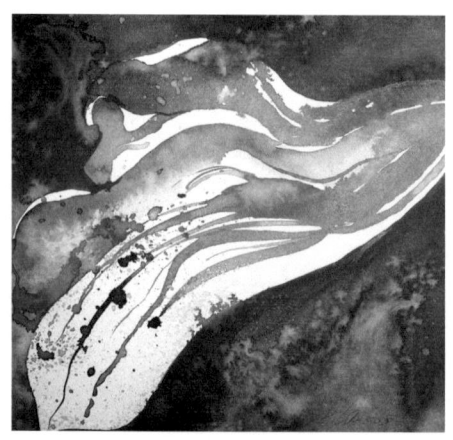

Sehnsucht,
dich zu berühren,
nicht nur im Inneren,
nein,
mit allen Sinnen dich spüren,
dich atmen,
dich trinken,
dich weinen,
dich lachen,
dich liebend berühren.

Sehnsucht,
so unermesslich
groß und stark,
aus der sich lodernd Worte formen:

Ich liebe dich

Ich fange mir den Sommerwind,
er lässt mich hüpfen wie ein Kind.
Auch fang ich bunte Träume ein,
die funkeln hell im Sonnenschein.
Damit vertreibe ich die Nacht,
die Dunkelheit entschwebt ganz sacht.

Ich fülle nun den Sommerwind
in Wundertüten um geschwind.
Die Welt ist leicht und voller Lachen,
wenn wir verrückte Dinge machen.
Drum fange ich den Sommerwind
und hüpfe fröhlich wie ein Kind.

Lied meines Lebens

Ich schreibe-
zuerst das Leid mir von der Seele,
dann nehme ich meinen Zauberstab,
den erträumten,
und wandle alles um in Töne.
Ich schüttele sie durch und durch,
mische und mixe,
füge die Töne neu zusammen,
schreibe sie auf Notenpapier
und singe dann
das Lied meines Lebens

ICH BIN...

Ich bin der Wind, der deine Hand berührt-
Ich bin das Gras, das kahle Felsen ziert-
Ich bin die Sehnsucht, die durch alle Länder schwebt-
Ich bin der Berg, der aus dem Tal sich hebt-
Ich bin der Fluss, der strömend sich ergießt-
Ich bin der Regen, der auf Felder fließt-
Ich bin das Haus, das Herberge dir sei-
Ich bin der Clown, der dich erfreut mit Narretei-
Ich bin die Sonne, die dich sanft bescheint-
Ich bin die Fee, die tröstet, wenn du weinst-
Ich bin die Nacht, die schützend dich umhüllt-
Ich bin der Stern, der deinen Wunsch erfüllt-
Ich bin der Mond mit silberglänzend Schein-
Ich bin das Träumen, auch im Gläschen Wein-
Ich bin die Freude, die dich lachen lässt-
Ich bin die Hoffnung, die dich nie verlässt-
Ich bin das Glück, das stets an deiner Seite wacht-
Ich bin dein Engel, immer, Tag und Nacht-
Ich bin das Wort, das in den Ohren hallt-
Ich bin das Lied, das über Täler schallt-
Ich bin der Schnee, der alles überdeckt-
Ich bin der Morgen, der dich täglich weckt-
Ich bin das Leben, das dich sanft durchdringt-
Ich bin der Anstoß, der die Schwingung bringt.
Ich bin die Hand, die deine Hand stets hält-
Ich bin die Kraft, durchströmend alle Welt-
Ich bin die Farbe, leuchtend schön und bunt-
Ich bin die Klarheit, tief bis auf den Grund-
Ich bin das Buch, zum Lesen stets bereit-
Ich bin der Himmel, so unendlich weit-
Ich bin die Liebe, die durch Raum und Zeit
Dich liebt in alle Ewigkeit.

Wundertüte

Du bist des Lebens Wundertüte,
angefüllt mit lauter Samen,
und was so alles in dir steckt,
vermagst du kaum zu ahnen.
Glaubst du an Zufall und Magie,
entdeckst du deinen Inhalt nie!
Lerne die Samen zu erkennen,
und sie mit Namen zu benennen.
Schau, was du mehrst - schau, was du rupfst,
ob es dir gut tut oder nutzt.
Das, was dich freut, kannst du getrost vermehren,
dann kannst du reichlich davon zehren.
Mag es Nahrung oder Freude sein,
stets musst du Samen dir bewahren,
denn reichen sollte deine Saat
für alle deine Lebensjahre.
Du bist des Lebens Wundertüte,
angefüllt mit lauter Samen,
und was so alles in dir steckt,
vermagst du kaum zu ahnen.
Schau, was in deinem Garten wächst, mit wachen
Augen an,
damit die Ernte, die du bringst, dein größtes Wunder
werden kann.

16

Wenn ich als Kind bequem und pflegeleicht
gewesen wäre…
Wenn ich, was immer auch, studiert hätte …
Wenn ich nicht meine Farben und meine Pinsel
hätte …
Wenn ich ihn nicht verlassen hätte …
Wenn ich meine Träume nicht gelebt hätte …
Wenn ich für mich nicht gekämpft hätte …
Wenn ich mir nicht immer wieder Mut gemacht hätte
…
Wenn ich der Liebe nicht begegnet wäre …
Wenn ich meinen Glauben verloren hätte …
Wäre ich dann wohl glücklich geworden?

Die Heimfahrt

Es war schon spät, als wir mit unserem alten Auto durch die Dunkelheit nach Hause fuhren. Unsere Kinder quengelten auf dem Rücksitz. Sie waren total übermüdet. Und dennoch, im Ganzen gesehen, war es ein schöner Tag gewesen. Nach endlosen Monaten voller Arbeit, die uns vorkamen wie Jahre, hatte ich endlich meine Freundin und Arbeitskollegin wieder gesehen.

Sie war noch hübscher geworden, als ich sie in Erinnerung hatte. Die Gespräche gingen uns nicht aus. Wir hatten unsere Kinder fast zur gleichen Zeit bekommen, wir strickten die gleichen Pullover, wir lachten über die gleichen Dinge, beide waren wir temperamentvoll und hatten sehr ruhige Männer. Und auch diese verstanden sich prächtig. Fast zur gleichen Zeit bauten wir unsere Häuser. Das war auch der Grund, dass wir uns so lange nicht gesehen hatten. Nun lag dieser wundervolle Tag des Wiedersehens hinter uns.

Unsere Fahrt ging durch waldreiches Gebiet. Überall waren Schilder mit Warnhinweisen auf Wildwechsel aufgestellt. Mein Mann war total übermüdet, die Kinder nervten ihn und so fuhr er auf der Landstraße mit einem Höllentempo. Ich träumte noch ein wenig vor mich hin.

Meine Freundin hatte zusammen mit ihrem Mann das kleine Häuschen geschmackvoll mit alten Möbeln ausgestattet. In den Zimmern standen wundervolle große Standuhren, die das Haus jede halbe Stunde mit wohltönendem Gongschlag erfüllten. Leckereien waren vorbereitet, der Tisch war zauberhaft gedeckt, Blumen erfüllten die Räume mit zartem Duft. Alles war heimelig und gemütlich. Es gab viel zum Überdenken. Und dann....

Plötzlich war ich hellwach. Irgendetwas stimmte nicht. Angestrengt sah ich auf die Straße, doch es war so finster im Wald und nichts Besonderes zeigte sich im Scheinwerferlicht. Einer Eingebung folgend fuhr ich meinen Mann an, er möge doch endlich die Geschwindigkeit drosseln. „Wenn wir hier verunglücken, uns findet vor morgen früh niemand", war mein schroffer Kommentar zu seiner Raserei. Zum Glück trat mein Mann sofort in die Bremsen. Im selben Augenblick kam ein Schatten aus dem Nichts.

Der Aufprall zerstörte mit einem blechernen Schrei die Ruhe der Dunkelheit. Ein Reh rutschte über die Kühlerhaube, der Wagen schlingerte. Entsetzt sah ich den Abgrund rechts der Straße. Mein Mann verriss das Lenkrad und wir kamen von der Straße ab. Über den linken Seitenstreifen raste das Auto an Bäumen und Sträuchern vorbei. Es war, als sähe ich einen Film und wäre nicht beteiligt an dem ganzen Geschehen. Selbst die Kinder waren nicht mehr zu hören.

Nach scheinbar endloser Zeit bekam mein Mann den Wagen zum Stehen, direkt vor einem mächtig großen Baum. Eine Zeitung hätte nicht mehr zwischen Stamm und Auto gepasst. Kein Aufprall – nur Totenstille. Mein Herz hämmerte. Zitternd stieg ich aus und weinte.

An einen Zufall glaub ich nicht und Glück ist mir auch zu wenig. Intuition? Bruchteile von Sekunden entschieden über Leben oder Tod.
Seit diesem Moment weiß ich, dass es Schutzengel gibt.

Des Himmels Glanz

Der Himmel öffnet sich
in hellerstrahltem Glanz
in aller Pracht und Herrlichkeit.
Ob du nun kommst
auf diese wunderschöne Welt-
ob du nun gehst
in dieses Licht...
Von Engeln geleitet
bist du behütet und bewahret alle Zeit,
von Anfang bis Ende in Ewigkeit.

Wenn…

Wenn unsere Liebe ein Maulwurf wäre,
ein kleiner, verlassener, von uns gefundener Maulwurf,
dann dürften wir ihn nicht verhungern lassen.
Emsig müssten wir dafür sorgen,
dass er zu essen bekäme, um zu wachsen.

Wir müssten ihm ideale Lebensbedingungen schaffen,
damit er stark und eigenständig würde.
Liebevoll müssten wir Flöhe und anderes Ungeziefer
aus seinem zarten weichen Pelz sammeln,
ihm Wärme geben und viel Liebe.

Wenn unsere Liebe ein kleiner hilfloser Maulwurf wäre,
dann…?

Es gibt Menschen, die erschlagen kleine Maulwürfe
einfach.

Hat unser Maulwurf eine Chance - oder

hast du den Spaten schon gekauft?

Der Himmel, wo ist er?
Ist er in uns
oder ist er nur dort, wo wir ihn sehen?
Endet der Himmel an unserem eigenen Horizont?

Wo sind wir, wenn wir im 7. Himmel sind
und wie viele Himmel gibt es denn?
Wo sind die Engel,
in welchem Himmel sind sie,
oder sind sie in unserem Leben?

Über welchem Himmel spannt sich der
Regenbogen?
In welchen Himmel kommen wir, wenn wir einst
sterben?
In welchem Himmel wohnt GOTT
wenn ER sagt:
„Siehe, ich mache alles neu!"
Macht ER dann einen neuen Himmel oder eine
neue Erde?

Die Liebe gleicht einer Rose.

Wenn die Rose immer eine Knospe bliebe,
würde niemand ihre wahre Schönheit entdecken.

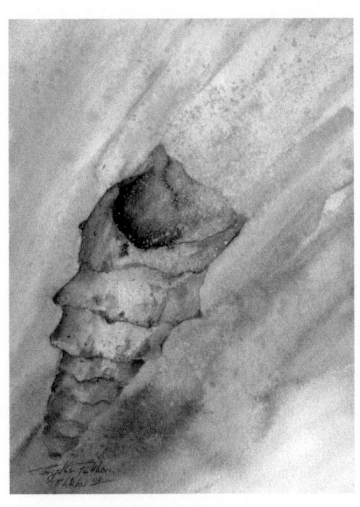

Manchmal kommt es vor,
dass der Zeitpunkt richtig ist.
Ein Sonnenstrahl
trifft im richtigen Augenblick
mitten hinein in dein Füllhorn.
Und dabei dachtest du so oft,
dass du vergessen wurdest
vom Glück-
vom Erfolg-
vielleicht sogar vom Universum.
Doch dieser kleine Sonnenstrahl,
der gerade jetzt in dein Füllhorn scheint
und dir die Energie der Sonne und des Lebens schenkt,
will dir sagen:

VERTRAUE!

Im richtigen Augenblick,
den du selber nicht bestimmst,
fällt Gottes Segen in Hülle und Fülle zu dir

Ich male dich
ohne Farben und Papier
male dich auf die Wände meines Schlosses aus Luft

Meine Träume sind die Fenster
meine Hoffnung ist die Tür
meine Sehnsucht sind die Zimmer
meine Liebe ist das Licht

Siehst du das Leuchten der Fassade
im Schein der glühenden Sonne
Wie ich dich liebe

Mit Wasser aus Tränen
mit dem Glück meiner Seele
male ich dich
ohne Farben und Papier
auf die Wände meines Schlosses aus Luft

Der Mohnzopf

Mit dem Mohnzopf, einem süßen Frühstücksbrot, hat es so seine Bewandtnis. Seit 2 Jahren gibt es das Problem. Der Mohn springt beim Schneiden des Brotes in alle Himmelsrichtungen, ebenso tut er es, wenn man das Brot vom Brotkorb zum Teller hebt bzw. auch dann noch, wenn man es bestreicht, zum Mund führt und selbst dann noch, wenn man abbeißt. Jeden Tag dasselbe Problem. Überall auf dem Tisch liegen die Mohnkörnchen.
Gut, nun wird von ihr die Arbeitsplatte in der Küche gewischt, das Platz-Set etc. Die Körnchen werden heruntergefegt auf irgendeinen Teller oder in die hohle Hand. Jeden Tag grüßt das Murmeltier…

Nun wäre das alles überhaupt kein Problem, wenn auch er einmal dafür sorgen würde, die Krümel und Körnchen abzuwischen, denn schließlich isst sie selber den Mohnzopf nicht. Aber nein, diese Aufgabe bleibt für die Frau des Hauses bestehen. Selbstverständlich! Schließlich hat das früher die Mutter gemacht und auch die Oma.
Na, die gute und kluge Ehefrau, Lebenspartnerin oder Lebensabschnittsgefährtin wird wohl auch dafür sorgen, dass der Tisch wieder reinlich aussieht. Wenn es sie stört, dann kann sie die Krümel ja wegwischen. Jeden Tag eben. Wer denn sonst? Sie macht ja auch jeden Tag die Betten, wäscht, bügelt etc. Dann wird sie das wohl auch gerne machen. Schließlich liebt sie ihn ja – so wie früher eben Mutter. Seit wann räumt ein Mann seine eigenen Krümel weg. Na ja, Mutter war zwar nicht

berufstätig, aber sie wusste eben, wo sie hingehört. Und Vater war der Ernährer. Und heute, das bisschen Haushalt neben dem Halbtagsjob, wird doch wohl kein Problem sein. Ihm schmeckt das Brot eben. Ja, sie liebt ihren Mann und schneidet und wischt – und dennoch, kann er denn nicht auch einmal…? Mittags entdeckt die reinliche Hausfrau wieder Mohnkrümel. Wo kommen die nun wieder her? Sieht er sie denn nicht auch?

Sie: „Warum wischt Du nicht selber mal Deinen Platz sauber?"

Er grummelt.

Sie: „Wenn Du die Krümel nicht siehst, dann setz doch Deine Brille endlich mal auf!"

Er: „Dafür brauche ich meine Brille nicht. Ich sehe die einfach nicht."

Sie "Dann wisch doch mal selber nach dem Essen Deine Krümel auf den Teller…"

Er: „Wenn ich sie doch nicht sehe"

Sie zuckt die Schultern.

Er: „Dann verzichte ich eben auf den Mohnstollen"

Sie: „Das erwartet doch keiner. Die Krümel kannst Du wohl auch mal weg wischen. Warum ich immer. Nur, weil Deine Mutter Dir noch mit 17 die

Zahnpasta auf die Bürste machte. Du bist total verwöhnt worden…"

Er schnauft ungehalten: „Ich sagte doch, dann esse ich eben keinen Mohnzopf mehr"

Sie: „Das darf doch nicht wahr sein. Nur weil es krümelt und Du die Krümel nicht wegmachen willst, willst Du auf den Mohnzopf verzichten? Wegen der paar Handgriffe?"

Er: „Also, ich hab schon vor Jahren daran gedacht, ihn nicht mehr zu essen."

Sie denkt: Warum tut er denn seit 2 Jahren so, als hätte nur ich ein Problem mit den Krümeln und fragt vorwurfsvoll: „Und was willst Du statt dessen essen? Und wenn Du ihn damals schon nicht mehr essen wolltest, warum hast Du ihn dann nicht abbestellt?"

Er zuckt mit den Schultern. Dann kommt die männliche Antwort: „Das war mir einfach zu viel Aufwand. Dazu hatte ich keine Lust. Da habe ich es einfach bleiben lassen."

Sie: „Na, so lange ich nicht weiß, ob Du es wirklich ernst meinst mit dem „Ich verzichte auf den Mohnzopf", wird er *von mir* auch nicht abbestellt."

So kann es einer Frau ergehen – nur mit einem Ehemann und seinem Mohnzopf.

WENN

Wenn dir der Glaube fehlt,
sei du selbst der Glaube.
Wenn dir die Liebe fehlt,
sei du selbst die Liebe.
Wenn dir die Hoffnung fehlt,
sei du selbst die Hoffnung.
Was immer dir fehlt,
sei du es selbst.

Wenn du selbst bist, was dir fehlt,
dann kannst du deine Saat ausbringen
und du wirst ernten, was du gesät hast.

Du siehst, es fehlt dir an nichts,
denn du lebst in der Vollkommenheit.
Du bist der Anfang und das Ende
in allen Dingen.

Am Morgen aufwachen
und entdecken, dass dein Lächeln verschwunden ist –

am Abend einschlafen
und bemerken, dass deine Zärtlichkeit verloren ging –

dich nicht wieder finden zu können
macht verzweifelt –

Zurückweisung
so oft schon erlebt
schmerzt leider immer noch –

Sehnsucht

Sehnsucht
nach deinen Augen, deinem Kuss -
Sehnsucht
nach deinen Armen, deiner Zärtlichkeit -
Sehnsucht
nach deinen Händen, deinen Worten, die berühren -
Sehnsucht
nach deiner Liebe -
Sehnsucht
neben dir aufzuwachen -
Sehnsucht
deinen Atem zu spüren auf meiner Haut -
Sehnsucht
mit dir gemeinsam
auch die letzten Ängste zu überwinden -

Sehnsucht

einfach nur Sehnsucht nach dir.

FLOHMARKT

Wenn du so über den Flohmarkt gehst,
alte Dinge betrachtend,
suchend
und manchmal sogar findend –
wenn du dann längst Vergangenes, Geliebtes,
verloren Geglaubtest findest und mit dir nimmst,
von Staub befreist, polierst,
über die kleinen Dellen und Beulen streichelst,
dann geht in deinen Augen die Sonne auf
und Glück, strahlengleich, erfüllt dein Herz,
weil du siehst, wie wertvoll diese Dinge doch sind.

Und manchmal wünsche ich mir dann,
du gingest aufmerksam suchend auf deinem Lebensweg
und wir begegnen uns irgendwo –
und ich erinnere dich an dich selbst,
an längst Vergangenes, Geliebtes, verloren Geglaubtes.

Ja, manchmal wünsche ich mir dann,
wir gingen ein Stück des Weges gemeinsam,
mit allen unseren kleinen Dellen und Beulen
und etwas verstaubt
und in unseren Augen geht die Sonne auf
und Glück, strahlengleich, erfüllt unsere Herzen
und wir sehen, wie wertvoll wir füreinander sind.

In einer Welt,
in der über Liebe nicht nur geredet wird -
in einer Welt,
in der Frieden geübt wird und Hunger gestillt -
in der jeder bereit ist, mit dem anderen zu teilen -
in einer Welt,
in der Pflanzen, Tiere und Menschen zusammen leben
voller Achtung und Achtsamkeit -
in einer Welt,
in der jeder Egoismus stirbt und jede Eitelkeit –
da fangen selbst die Steine an zu blühen.

Wenn du weinst
leuchtet die Sonne aus deinen Augen
und deine Tränen funkeln Diamanten gleich

Wenn du lachst
reißt die Wolkendecke auf, die die Erde verdunkelt
und gleißendes Licht erhellt meine Welt

Wenn du mich in die Arme nimmst
liegt mir der Himmel zu Füßen
und mein Herz umfängt dich mit all meiner Liebe

Loslassen -
das heißt
Freiheit leben,
Ballast abwerfen,
demütig sein,
mit leeren Händen stehen,
manchmal auch mit leerem Herzen,
frei von Egoismus sein,
von jeglichem „Handeln müssen".
Loslassen -
das heißt,
die Hände sind frei, um Neues zu greifen,
zu begreifen,
das alles, was man fest hält,
auch eine Last sein kann.

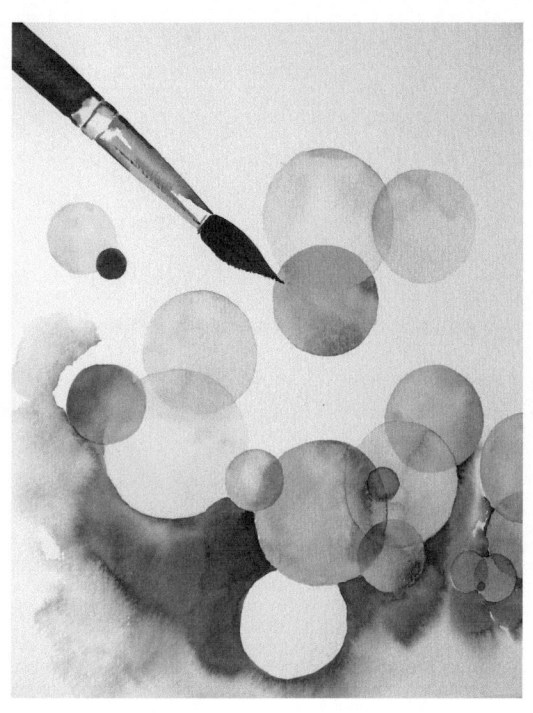

Träume –
Seifenblasen gleich
schweben durch dein Leben –
und manche steigen höher und höher
glitzernd und schillernd
hinauf in den Himmel.
Wenn sie zerplatzen
verweht sie der Wind
und am Himmel entsteht
ein Regenbogen

Herbstgold

Goldstaub auf meinem Weg.
Licht durchflutet schimmert der Acker in purem
Gold.
Kupfergold leuchten die welken Gräser.
Silbergold liegt auf den Wellenspitzen des Wassers.
Ich gehe durch pures Gold,
hinein in das Leuchten der Morgensonne.

Rosen

Wir reden und reden,
erklären und zerpflücken Worte,
stundenlang.
Wir suchen Verständigung,
Wege des Ausdrucks,
beißen auf Granit
im lächerlichen Versuch,
unser Gegenüber zu überzeugen.

Aber ist es nicht so,
als schenkte ich dir eine Rose
und du würdest behaupten,
es wäre gar keine.
Ich könnte dir tausend Rosen schenken,
weiße und gelbe, rosa oder rote Rosen,
wenn du nicht glauben willst.

Ist es nicht ratsam,
mir diese Rosen selbst zu schenken,
um mich an ihnen zu erfreuen.

Weißt du,

dass ich in deiner Nähe glücklich bin,
einfach nur glücklich bin, wenn ich dich sehe,
wenn ich dich höre,
wenn ich jede deiner Bewegungen genieße?

In deiner Gegenwart
ist Rotwein selig machend,
das Feuer im Kamin wie Liebesglut.

Dich im Kerzenschein zu sehen,
ist wie ein Tag im Paradies.
Und doch verlasse ich dich heute,
bevor ich mit dir war.
Denn heute weiß ich

„Du liebst mich nicht!"

Getrieben von der Hoffnung
segele ich durch den Sturm des Lebens –
mein Schiff heißt „Zuversicht",
der Treibstoff ist mein Glaube,
mein Begleiter ist Mut,
mein tägliches Brot ist die Liebe
und mein Hafen bist Du, oh HERR.

Höhenluft

In deiner Nähe fühle ich mich klein,
selbst der winzigste Pickel wird zur Beule,
jedes Fältchen ein tiefer Abgrund.

Meine Locken werden zur Zottelhaube,
mein flüssiges Reden nur sinnloses Gestammel.
Du stehst ganz oben
auf deinem Sockel,
wie auf dem Mist der bunte Gockel
und alle um dich herum sind Zwerge.

Hast du schon mal von Höhenluft gehört?
Und oben ist man ziemlich einsam.

Einmal nur dein Ernie sein

Da steht er nun
in deinem Bad,
mit rotem Kopf und Wuschelhaaren,
Ringelpulli blau und rot,
hat einen Schwimmreifen dabei,
um nicht zu ertrinken.

Da grinst er nun
in deinem Bad,
nur, weil du dich so an ihm freust,
tut nichts den ganzen Tag,
steht einfach nur rum,
und du -
du findest ihn süß und hast ihn lieb.

Also -
wenn dich so etwas glücklich macht,
liegt doch der Gedanke nahe:

Ich sitze da
in deinem Bad,
mit rotem Kopf und Wuschelhaaren,
mit oder ohne Ringelpulli,
einem Schwimmreifen dabei,
(na ja, sagen wir mal „Rettungsring")
ich tue den ganzen Tag nichts,
sondern grinse einfach nur, wenn du kommst.

Freust du dich dann vielleicht auch über mich
und findest mich süß
und hast mich lieb?
Also, wenn dich so etwas glücklich macht…..

Glück

Hast du es bemerkt,
dir ist das Glück begegnet.
Ganz einfach nimmt es deine Hand,
dein Weg ist auf einmal gesegnet.
Der führt dich in ein neues Land
und ist dein Ziel das Glück,
dann lass doch die Vergangenheit
und schau nicht mehr zurück.

Merkst du es nicht,
du bist jetzt frei, du liebe Seele, gib doch Ruh,
schließ der Vergangenheit die Türe zu.
Sehr schnell ist dir das Glück entflohen,
wenn Zweifel dir und Ängste drohen.

Dir ist das Glück begegnet,
halt es ganz fest mit deiner Hand,
dann ist dein Weg gesegnet
und führt dich in ein neues Land.

Ein Sommertag
so schön wie nie,
ganz plötzlich stehst du neben mir.

Schmetterlinge tanzen,
tanzen in meinem Bauch.
Ich lehne mich ganz leicht an dich,
spüre die Wärme deiner Haut.

Die Zeit steht still vor lauter Glück.
Ich fühle, dass ich lebe, liebe.
An diesem Tag schwebe ich.
Es ist ein Sommertag
so schön wie nie zuvor.

Du bist
wie eine Rose im Eis.
Der Frost kam über Nacht,
Kälte legte sich auf deine Seele
wie gefrorener Tau.
Zieh` dich zurück
in der Kälte der Zeit,
doch sei gewiss:
Die Träume warten in dir verborgen,
warten auf die Wärme des Frühlings,
um einen neuen Sommer zu erleben
voller Blüten und Duft,
und sich zu erfüllen.

Selten hast du mich angesehen –
du redetest viel,
ich hörte dir zu.
Du schüttetest deinen Kummer aus,
dein ganzes Herz dazu und deinen Schmerz.

Du schenktest mir dein Vertrauen,
aber nicht deine Liebe.
Du riefst mich an,
vielleicht, weil dir langweilig war,
aber bestimmt nicht aus Sehnsucht nach mir.

Vielleicht solltest du dir
jemand anderen suchen zum Befüllen,
so einen richtig schönen,
stillen, stabilen und genügsamen
Mülleimer.

Silberfischchen II

Mein Sohn,
die Zeit des „Silberfischchens" ist vorüber
und auch dein Goldfisch ging von dir vor langer Zeit –
am Himmel sehe ich Sternenstaub und Schnuppenregen
und weiß, du fängst von ihrem Zauber deine Träume ein.
Kostbar ist jeder meiner Tage,
den du mit mir verbringst und bei mir bist.
Das Füreinander sein ist wie ein Hauch von
Gottes Segen,
der Glaube – Liebe – Hoffnung ist.
Ich wünsch dir Glück auf deinen Erdenwegen
und meine Liebe soll dich jeden Tag begleiten,
so lange denn mein Atem reicht.

Ich bleibe bei Dir alle Zeit.

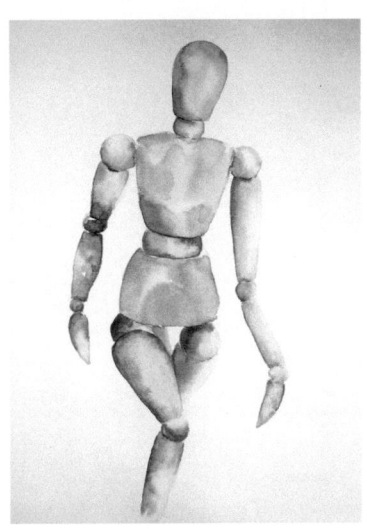

Was du für mich bist

Du bist ein wunderbarer Tänzer,
so elegant,
so gewandt,
ein aufmerksamer Beobachter,
ein interessierter Zuhörer.
Du bist so herrlich romantisch,
ein Idealist,
ein Perfektionist,
humorvoll – ironisch – charmant,
einfach unglaublich,
einfach umwerfend.
Aber eines bist du leider nicht für mich:
Du bist so ganz und gar nicht
mein Typ.

Traumfrau

Du malst sie dir aus,
eine Frau
aus purem Gold,
schlank,
mit herrlich wohlgeformten Brüsten,
sportlich, elegant und ebenmäßig,
eindrucksvoll und bewundernswert.
Alles an ihr ist so
wie du es magst.
Sie wartet auf dich,
wenn du heimkommst,
erschöpft und müde vom Tagewerk.
Nein, ich bin sicherlich keine Traumfrau
und Träume fliehen im Morgengrauen.
Der Vergleich mit ihr,
ein einziger Scherz.
Und überhaupt –
ich passe nicht in dieses Raster.

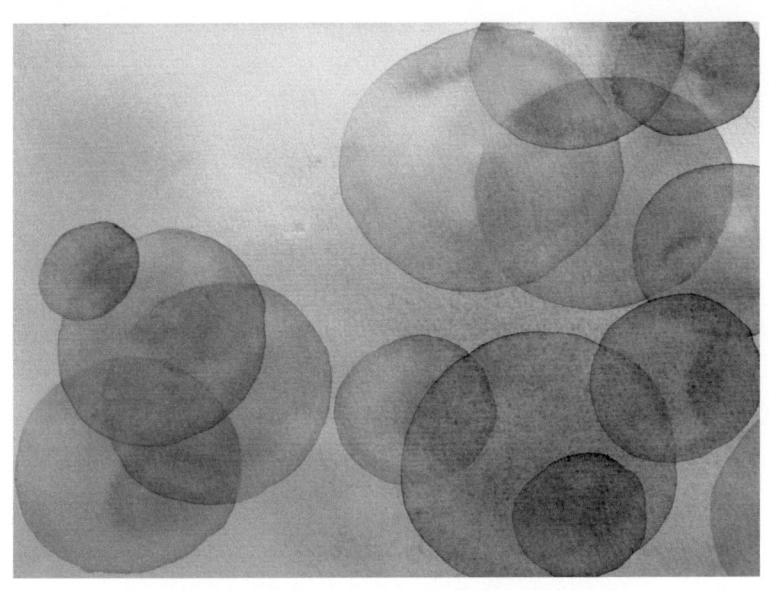

Hast du meine Träume gesehen?
Wie Seifenblasen aus Kinderzeiten!
Sie flogen an dir vorbei
wie mein Lächeln,
sie streiften dich zärtlich
und zerplatzten dabei.
Ein wenig Feuchtigkeit blieb bei dir zurück,
wie eine kleine Träne oder ein liebender Kuss.

Herbstgedanken

Roter Mohn
leuchtet fahl
im Morgenlicht.
Letzte Blüten auf meinem Weg.

Samenkapseln verströmen Träume.
Vom Wind getrieben
verharren sie
klein und unscheinbar
zu meinen Füßen.

Elfenreigen über Stoppelfeldern.
Schwalben sammeln sich
Abschied verheißend.

Sonnenstrahlen durchdringen
wehmütige Gedanken.
Leuchtendes Gold fliegt
über herbstliche Wiesen.
Krähen picken die letzten Ähren.

Mir fehlt das Schreien der Möwen im Wind.

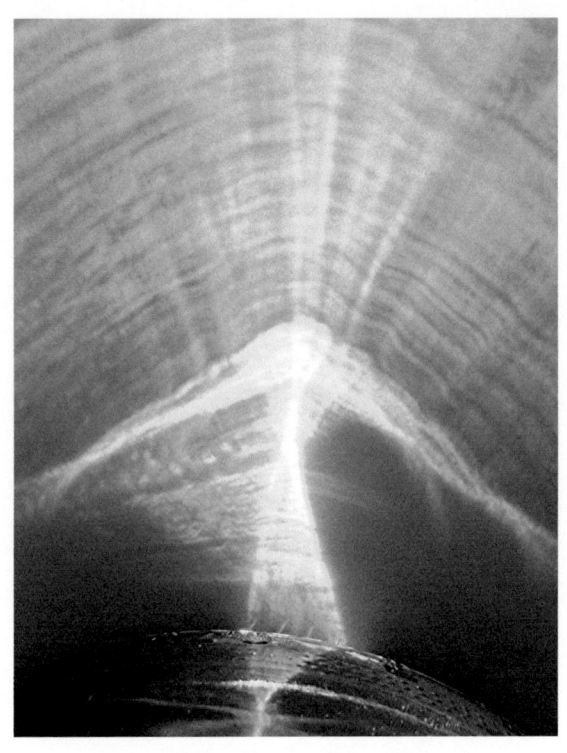

Du brauchst nicht zu suchen
Du brauchst nicht zu finden
Alles ist da

Ob du es siehst oder nicht
Ob du es begreifst oder nicht
Es ist, was es ist

Es ist, was GOTT ist:

ABSOLUTE VOLLKOMMENHEIT

Weihnachtsmarkt

Menschen mit leeren Augen,
Gleichgültigkeit im Reisegepäck,
eilen an mir vorbei.
Advent!

Zeit der Stille?
Zeit der Besinnung?
Wo ist die Liebe?
Wo ist die Wärme?
In den Herzen der Menschen?

Menschen -
wo seid ihr?
Das Kind in der Krippe -
seid ihr an ihm vorbei gegangen?

Der Engel Gesang -
hört ihr ihn nicht?
Wo ist das Licht in euren Herzen?
Ich zünde euch eine Kerze an.

Wunder Engel

Engel begleiten dich sanft und leise
auf ihre stille ureigene Weise.
Als Boten des Himmels haben sie sacht
so manches Glück in dein Leben gebracht.
Auf goldenen Schwingen mit leichtem Schweben
begleiten sie dich durch dein ganzes Leben.
Vielleicht spürst du dann ein leichtes Wehen,
den Flügelschlag im Vorübergehen.
Wie viele Engel sind dir begegnet,
die deinen Weg voller Liebe gesegnet?
Du siehst sie nicht, hörst nicht ihre Lieder,
doch ihre Wunder gescheh`n immer wieder.

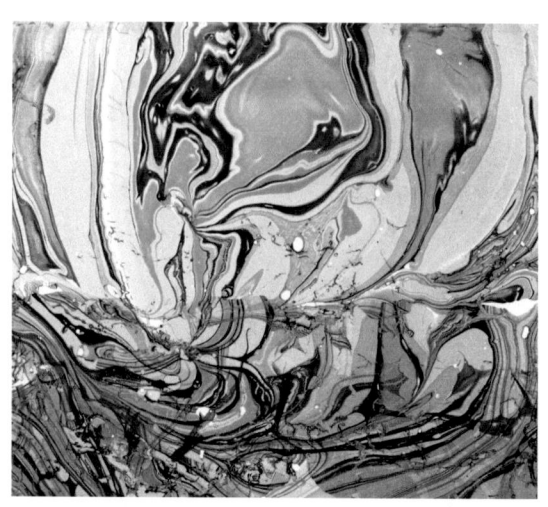

Depression

Wie du so da stehst,
immer noch am selben Platz
wie vor vielen Monaten,
unbeweglich!
Wie du einfach nur so da stehst,
sinnierst, grübelst,
ohne dich oder irgendetwas zu bewegen, zu verändern!
Wenn du mich dann fragst:
„Ich wüsste gerne, wie und was
könnte ich tun, um es richtig zu machen",
dann sage ich dir nur:

„Bewege dich einfach und lebe,
denn Stillstand
ist Tod."

Liebe

Wie schön es doch wäre –
ich komme nach Hause
und da ist jemand,
der wartet auf mich
und sagt:
Wie war dein Tag?
oder
Wie geht es dir?
oder
Na, hast du Hunger?
oder
Ich vermisste dich!
oder
Der Tag war leer ohne dich!

Wie schön es doch wäre –
ich komme nach Hause
und da ist jemand,
der wartet
und sagt zu mir

ICH   LIEBE   DICH

Eine Winterliebe

Es war Dezember. Sie saß alleine im leer geräumten Wohnzimmer zwischen Umzugskartons. Ihre zweite Ehe war gescheitert. Alle Träume waren gestorben. Sie hatte ihrem zweiten Ehemann wie schon dem ersten alles gelassen, nur sich selbst nicht. Die Affäre, die sie begonnen hatte, war ebenfalls gescheitert. Ein weiteres Mal hatte sie sich verliebt und dabei fast eine Ehe zerstört. Nun saß sie im leeren Zimmer und fror innerlich. Weihnachten stand vor der Tür. Sie versuchte herauszufinden, wann sie sich zum letzten Mal stark und zufrieden und glücklich gefühlt hatte.

Sie war in Enge und mit viel Strenge aufgewachsen. Die Großeltern lebten mit im Haus wie auch Hühner, Schweine, Katze und Hund. Die Mutter, Alkoholikerin, hatte sie mit Gewalt großgezogen, aber ab und an gab es auch Liebe und schöne Zeiten. Das war immer dann, wenn sie genau so war, wie alle es eben wollten. *Gehorsam* war das Zauberwort, das ihr Lehrer wurde. So diente sie später auch ihren Arbeitgebern, ihren beiden Ehemännern, ihren Geliebten. Und sie lebte in der Hoffnung, dass ihre Mühe und Arbeit doch irgendwann mit Liebe und Zuneigung belohnt würde. Welch ein Irrtum!

Sie dachte an ihre erste Liebe. Er war 19 Jahre alt, sie war 14. Er begleitete sie einen Sommer lang. Sie war zu jung für Liebe und er schwängerte ein anderes Mädchen. Als die andere ein Kind bekam, zwangen die Eltern ihn, die werdende Mutter zu ehelichen. Wenige Jahre später starb er an Lungenkrebs.

Sie wollte keinen anderen, konnte ihn nicht vergessen. Sie hatte kleine Schwärmereien. Mit 16 faszinierte sie der Längste der Parallelklasse. Er wechselte wie sie zur Höheren Schule. Sie versuchte täglich, ihn in kleine Gespräche zu verwickeln oder mit ihm gemeinsam zum nahe gelegenen Bahnhof zu laufen. Aber er sah sie nicht einmal an. So trennten sich ihre Wege. Ein Jahr später traf sie an ihrer Arbeitsstelle seinen Vater und versuchte herauszufinden, wie es ihrem Schwarm ginge bzw. wo er arbeite. Doch der Vater schwieg. Er war mit dem Lebensstil seines Sohnes nicht zufrieden. - Sie hatte Angst vor dem Vater, er erinnerte sie an ihre brutale Mutter. Sie besuchte ihn aber häufig im Büro, nur um etwas über seinen Sohn zu erfahren. Vergebens. Ihre Arbeitsstelle brachte nicht den gewünschten Erfolg. Es gab keine Aufstiegsmöglichkeiten. So kündigte sie und fand sehr schnell eine interessante Arbeit als Sekretärin. Ja, damals war die Welt noch in Ordnung. Sie war beliebt, schlank und schön. Ihre Zuverlässigkeit wurde geschätzt, ihre Fröhlichkeit war ansteckend. Sie tanzte gerne, war lebensfroh und umschwärmt. Was gab es mehr zu wünschen. Genau dort wollte sie beginnen.
Sie erhob sich von dem einsamen Platz im leeren ungemütlichen Wohnzimmer und schrieb eine Weihnachtskarte an den Vater ihrer Schulliebe.

Er antwortete, der Sohn und nicht der Vater, denn dieser war inzwischen verstorben. Die ersten Briefe flitzten hin und her, dann folgen kleine Textnachrichten auf dem Handy. 6 Wochen später sahen sie sich zum ersten Mal und beide traf Amors Pfeil. Nur 2 Wochen später beschlossen sie, zu heiraten. Das Glück war auf einmal zum Greifen nah. Sie heirateten im Frühlingsmonat Mai. Der Sommer kam und ging und nahm das Glück mit sich.

Er nahm sie nicht mehr in die Arme. Sie blieb allein mit ihrer Sehnsucht. Angst hieß sein Lehrmeister. Angst. Angst, das Glück nicht halten zu können und sie zu verlieren. Und so ließ er sich nicht auf sie ein. So sehr sie sich auch bemühte, ihn mit in ihre fröhliche sonnenbeschienene Welt zu nehmen, er floh vor ihr. Seine Vergangenheit betrübte ihn, so dass er keine Chance auf Glück und Liebe sehen wollte.

Wie es weitergeht? Sie wartet auf den Frühling. Und dass das Glück mit den ersten warmen Sonnenstrahlen zurückkommt. Der Winter ist fast vorüber, die Sonne steht schon höher am Zenit.

Sie wartet auf ihn – denn sie liebt.

Das Tortenstück

Ein Mensch, der wie ich seinen Geruchssinn verloren hat, lebt außerordentlich gefährlich. Besonders verführerische Leckereien können dem erwartungsfrohen genussfreudigen Menschen in vielfacher Weise schaden.

Meine Freundin Else krönte in den vergangenen Jahren meinen Geburtstag mit liebevoll ausgesuchten Schätzen. Da wir fast 400 Kilometer voneinander getrennt leben, wartet sie mit ihren Geschenken, bis ich wieder einmal in Bad Sooden-Allendorf, meiner ehemaligen Wahlheimat, weile, um dort in einer großen Klinik für die Patienten eine Lesung aus meinen Büchern zu halten. So war es auch in diesem Jahr.

Die Lesung war mit 18 Personen gut besucht. Allerdings verließen einige Patientinnen vorzeitig den Raum aufgrund ihrer gesundheitlichen und psychischen Befindlichkeiten.

1 ½ Stunden sind für viele schwer Erkrankte bereits eine große Herausforderung.

Nachdem ich die Lesung beendet hatte und sich einige Interessierte nach Durchsicht meiner Bücher und lieben Gesprächen verabschiedet hatten, holte meine Freundin Else eine wunderschöne gestreifte Geschenktüte aus ihrer Tasche und überreichte sie mir als nachträgliches Geburtstagspräsent.

Gerne hätte ich gleich nachgeschaut, was sich in der Tüte befand, beschloss aber, meine Neugierde zu zügeln und erst im Hotel oder am nächsten Tag daheim das Geschenk in aller Ruhe zu betrachten.

Der nächste Tag verlief dermaßen hektisch, dass ich erst zu Hause angekommen meine Ungeduld befriedigen konnte. Ach, habe ich mich gefreut. Lauter Leckereien gab es in der Tüte vorzufinden, eine Dose Tee mit Maracuja-Aroma, eine Tafel Bad Sooden-Allendorfer Stadtschokolade und ein in Folie verpacktes Tortenstück Schichtnougat. Alles gekauft in einem Spezialitätengeschäft, das ich noch nicht kannte.

Da ich eine große Naschkatze bin, stellte ich das leckere Schichtnougat-Tortenstück auf unseren Tisch im Esszimmer und beschloss, am nächsten Morgen die besagte Leckerei mit meinem Ehemann zu teilen. Vorfreude ist schließlich doppelte Freude.

Nach einem gemütlichen Frühstück anderntags wickelte ich vorsichtig das verführerisch anzusehende Tortenstück aus, schnitt mit meinem Besteckmesser eine kleine Scheibe ab und legte es meinem Mann auf seinen Teller. Na, der freute sich aber, vermied jedoch, vor mir diese Köstlichkeit zu probieren. Nachdem auch ich mir eine Scheibe abgeschnitten hatte, konnte ich der Versuchung nicht länger widerstehen und biss herzhaft hinein.

Von wegen süß, eher salzig war der Geschmack. Ich kaute zweimal, während auch mein geliebter Ehemann ein Stückchen in den Mund schob. Auf meiner Zunge breitete sich ein widerlicher

Geschmack aus. Ich war entsetzt. So etwas konnte ich nun wirklich nicht essen.

„Igitt – das ist ja Seife!" Mein Entsetzensschrei kam laut über die Lippen.

Voller Ekel nahm ich meine Serviette und beförderte den zerbissenen Happen in das Tuch. Mein Mann war besser dran als ich und hatte glücklicherweise noch nicht gekaut. Ich rannte ins Badezimmer, um den unangenehmen Seifengeschmack durch Spülen meines Mundes und durch Zähne putzen zu beseitigen. Aber nichts half. Auch der leckere Champagner-Trüffel, den ich mir genießerisch auf die Zunge legte, vermochte den widerlichen Geschmack nicht zu besiegen. Wir schauten noch einmal auf die Verpackung, ob eventuell ein Hinweis darauf stünde, dass dieses Teil nicht essbar wäre und wir ihn aus Gier wohl übersehen hätten. Lediglich ein kleiner Aufkleber zeigte den Namen des Geschäftes.
So im Nachhinein finde ich alles absolut komisch. Der Gedanke, dass in Amerika dieses Geschäft eine Millionenklage erhalten hätte, befreite mich von der Wut in meinem Bauch.

Zu guter Letzt: Ich habe noch eine Verkaufsidee! Leute, das wäre es doch:
Schuhcreme in Form eines Schokotrüffels! Das sieht bestimmt lecker aus und…

GUTEN APPETIT !

Das Musterexemplar (oder: **Ein toller Typ**)

Endlich Urlaub, schöne Zeit,
Freude macht sich in mir breit,
das Hotel ist längst gebucht,
Strandurlaub hab ich gesucht.

Endlich und nach vielen Stunden
hab ich mein Quartier gefunden,
nah am Strand, mit Blick aufs Meer,
Herze mein, was willst du mehr?

Dieser Anblick macht mich munter
und ich lauf zum Strand hinunter,
mit viel Freude und auch Wonne
genieße ich die Abendsonne.

Dicht vor mir, im warmen Sand,
liegt ein Mann, mir unbekannt.
Wirklich, eine wahre Pracht,
die mir da entgegenlacht.

Dieser braungebrannte Mann
zieht mich gleich in seinen Bann
und kann einzig und allein,
mein ersehnter Traumprinz sein.

Ach, ich habe keine Zweifel,
so was gibt`s nicht in der Eifel.
Solch ein Musterexemplar
suchte ich schon manches Jahr

Und ich geb` mir alle Mühen,
seinen Blick auf mich zu ziehen,
flirte und bezirze ihn,
wie es noch niemand hat geseh`n.

Schreck lass nach, da kommt noch einer,
etwas dicker, etwas kleiner,
gibt ihm, dass ich staunen muss,
auf den Mund `nen langen Kuss.

Grinsend sagt er mir zum Schluss,
dass er mich nun fragen muss,
ob ich seinen tollen Mann
mal in Ruhe lassen kann.

So `ne süße kleine Zecke
bräucht er nicht für seine Zwecke
und es wäre richtig schön,
würd` ich aus der Sonne gehen.

Fassungslos vor Schreck erstarr ich,
so was find ich gar nicht artig.

Erinnerung

Süße Siebzehn – jung an Jahren
und noch ziemlich unerfahren,
trifft sie einen lieben Mann,
der ihr sehr gefallen kann.
Zarte Bande schwingen leise
hin und her auf ihre Weise.
Bei der Arbeit ihn zu sehn
findet sie besonders schön.
Dass er doppelt alt an Jahren
und als Mann schon sehr erfahren
stört sie nicht, es wäre schön,
könnt` sie mit ihm tanzen gehen.
Doch die Eltern sind dagegen,
wollen sie ins Heim gleich geben,
drohen und erschrecken sie,
zwingen sie gar in die Knie.

21 – heißt die Freiheit
17 – ist doch nur ein Traum,
Träume brechen an der Wahrheit,
Seifenblasen sind nur Schaum
Sie kann ihm vor Scham nichts sagen,
auch nicht weinen oder klagen,
während ihr das Herz zerbricht,
was sie fühlt, das weiß er nicht.
Die Zeit verrinnt, nach vielen Jahren
hätte sie ihm noch so viel zu sagen.
Sie schreibt ihm Briefe, will ihn sehen,
er weist sie ab, sie möge gehen.
Der Zufall hilft ihr, wie so oft,
sie hatte es sich stets erhofft,
dass sie sich im Vorübergehen
nach vielen Jahren wiedersehen.

Am Samstagmorgen war`s, um Zehn,
sie sieht ihn im Vorübergehn.
Vor Freude wird das Herz ihr weit,
doch er ist nicht gesprächsbereit.
Voll Eiseskälte ist sein Blick,
sie weicht erschreckt vor ihm zurück.
Die Ignoranz trifft wie ein Schlag
an diesem sonnig warmen Tag.

Ratlos denkt sie die Zeit zurück,
an Lachen, Tage voller Glück,
als seine Augen blau und klar
voll Wärme strahlten, wunderbar.
Was einmal Herz und Herz verbunden
ist in der Ewigkeit verschwunden.
So vieles kann sie nicht verstehen -
sie wird ihn nie mehr wiedersehen.

Und die Moral von der Geschicht`,
viel ändern lässt sich manches nicht.
Nichts kann man zwingen, nichts erdichten,
das Leben schreibt seine eigenen Geschichten.
Die Liebe kommt, die Liebe geht,
und oftmals ist es auch zu spät.
Und manches Mal - ganz unverhofft
liegt dir auf deinem Weg ein Herz zu Füßen
zertritt es nicht und denk daran,
die Liebe lässt dich grüßen.

Die Eismaschine

Endlich Sommer! Für mich bedeutet er: Eiszeit. Ich bin ganz vernarrt in diese kühle Köstlichkeit und verzichte gerne auf ein Abendessen, wenn ich die Möglichkeit bekomme, stattdessen ein leckeres Eis zu vernaschen. Doch immer wieder stören mich die vielen Zusatzstoffe/ Konservierungsstoffe etc. Außerdem ist es in Mode gekommen, Bourbonvanille zu fast allen Süß- und Eisspeisen hinzuzufügen. Das verschaffte mir in der Vergangenheit allergiebedingte Asthma-Anfälle, die nun wahrhaft nicht spaßig sind. Gesagt, getan, im Supermarkt gab es eine Eismaschine im Angebot.

Wenn ich mit meinem alten Auto eine 6-Kilometer-Extra-Tour in die Stadt fahre, kostet das sicherlich einige Euro an Fahrtkosten, dachte ich mir. Und für eine Taxi-Fahrt würde ich sicherlich weit über zehn Euro bezahlen. Deshalb überlegte ich nicht lange und bestellte im Internet. Die Maschinen mit rosa Rand waren leider schon vergriffen. Mit Blau und Gelb verhielt es sich gleichermaßen. So entschied ich mich kurzerhand für eine schneeweiße Maschine und bereits nach zwei Tagen brachte der Paketdienst meine neue Errungenschaft zu mir nach Hause. Die Freude war groß und sofort wurde die nagelneue Eismaschine ausgepackt und probehalber zusammengebaut.
Wenn man wie ich, ohne vorher Informationen einzuholen, ein solches Gerät bestellt, dann hat man eine ganz andere Vorstellung über die Funktionsweise dieser Maschine. Als ich die

Gebrauchsanweisung sorgfältig studierte, staunte ich darüber, dass ich den Eisbehälter vorher für möglichst vierundzwanzig Stunden in meine Gefriertruhe legen sollte. Auf diese Weise würde das Eis die beste Konsistenz haben. Die Eismasse, die ich für die Maschine zusammenmixen würde, sollte ebenfalls ca. vier Stunden im Kühlschrank durchkühlen. Vernascht, wie ich eben bin, stellte ich, nachdem ich alle Einzelteile gründlich abgewaschen hatte, den leeren Eisbehälter in die Gefriertruhe. Nach ca. acht Stunden war das Teil absolut durchgekühlt. Nun rührte ich voller Vorfreude aus Sahne, Puderzucker, Vanillezucker und Milch die Eismasse an. Und da die Sahne vorher bereits Stunden im Kühlschrank gestanden hatte, verzichtete ich auf die lange Ruhe- und Wartezeit. Beim Probieren war ich allerdings nicht ganz so begeistert. Irgendwie fehlte der besondere Pfiff. Aber für den Anfang würde es genügen. Nachdem ich den Eisbehälter vorschriftsmäßig in die Eismaschine montiert und die Starttaste von 0 auf 1 gedreht hatte, füllte ich die Eismasse ein und schaute erfreut zu, wie der Quirl fleißig rührte und rührte.

So ganz leuchtete mir das Prinzip dieser Eismaschine nicht ein, aber ich dachte mir auch nichts weiter dabei und stellte meine Eieruhr auf vorgegebene vierzig Minuten Rührzeit ein.
Komisch war, dass sich außer der Rührerei überhaupt nichts weiter tat. Ich dachte an meine geliebte Fernsehsendung „Die Küchenschlacht", wo innerhalb von Minuten leckeres Eis entstand. Aber

in diesem Fall wollte es nun überhaupt nicht klappen. Noch einmal las ich die Gebrauchsanweisung durch und fiel immer wieder über den Satz: Die besten Ergebnisse erhalten Sie, wenn Sie den Eisbehälter für vierundzwanzig Stunden ins Gefrierfach legen. Also musste es auch ohne diese Prozedur funktionieren, denn acht Stunden lang hatte das Teil schließlich schon in der Truhe gelegen.
Ungeduldig wartete ich, bis die empfohlenen vierzig Minuten vergangen waren, jedoch konnte von „Eis" überhaupt nicht die Rede sein. Die leicht angefrorene Masse war immer noch ziemlich flüssig.

Ich habe später im Internet nachgeschaut, wie denn solch eine Eismaschine überhaupt funktioniert. Mit Kompressor wäre alles überhaupt kein Problem gewesen. Aber bei preiswerten Eismaschinen, wie ich sie kaufte, muss man tatsächlich den Eisbehälter vierundzwanzig Stunden vorher einfrieren – sonst gibt es kein Eis, sondern nur kalte Flüssigkeit.

Ich habe diese dann über meine leckeren Erdbeeren gegossen und den Rest in einer Tupperdose eingefroren. Diese Köstlichkeit werde ich morgen verschnabulieren. Und morgen stelle ich den Eisbehälter rechtzeitig ins Gefrierfach und folgsam auch die Eismasse für vier Stunden in den Kühlschrank. Und wenn es wieder nicht klappt'? Na, der Weg zum Supermarkt ist nicht so weit – und man kann auch dort wirklich leckeres Eis kaufen.

Zwei Vögel

Und GOTT ließ zwei Vögel aus seiner Hand fliegen, eine weiße Möwe und eine schwarze Amsel.
Die Amsel protestierte: „Ich wäre auch gerne so weiß wie die Möwe!"

Da ließ GOTT sein weißes heiliges Licht über die Amsel strahlen, so dass das Schwarz ihres Gefieders hell und weiß leuchtete und nur noch eine kleine schwarze Schwanzspitze sichtbar blieb. Die Amsel jubilierte und sang ihr schönstes Lied.

Doch GOTT nahm sein Licht wieder zurück und die Amsel klagte und jammerte, weil sie nun wieder ganz schwarz war.

Der HERR aber antwortete: „Solange du hier auf der Erde lebst, ist deinem Gefieder die Farbe Schwarz zugedacht. Erst wenn du wieder bei mir in der Einheit bist, wirst du strahlend hell leuchten wie alle anderen Kreaturen auch."

Und die Amsel verstand, war zufrieden, erhob sich in die Lüfte und sang glücklich ihr Lied.

Und wenn dir mal das Glück nicht lacht,
dann denke dir doch:

„Wenn *ich* der Fahrstuhl ins Glück bin
und *niemand* steigt ein -
dann ist das nicht *m e i n* Problem…"

Inhaltsverzeichnis

Brigitte Anna Lina Wacker geboren 1953 in Voigtding, jetzt Wingst, lebt und arbeitet als freischaffende Künstlerin in Cuxhaven. Bereits in ihrer Kindheit schrieb sie Gedichte. Als Jugendliche widmete sie sich der Porträtmalerei. Mit ihrem Mann und ihren Kindern wohnte und arbeitete sie bis 1994 in Bremervörde.

Nach einem folgenschweren Unfall veränderte sich schlagartig ihr Leben. 1987 begann sie, sich mit Malerei ernsthaft zu befassen und in zahlreichen Kursen ausbilden zu lassen. Zur gleichen Zeit schrieb sie ihre ersten lyrischen Verse.

Im Jahr 2000 erschien ihr erster Kunst-Lyrik-Bildband im Eigenverlag.

2005 folgte ein Engelbildband in limitierter Auflage.

Veröffentlichungen ihrer Gedichte und Kurzgeschichten erfolgten im eigenen Buch „Gefühlt-Gespürt-Geträumt" und in diversen Anthologien des Wolkenreiter-Verlags Fuldatal.

2011 wurde ihr Gedicht „Ich bin" in der Jokers-Gedichte-Datenbank der besten deutschsprachigen Gedichte veröffentlicht.

2012 wurde ihr Gedicht „Wunder Engel" in die Anthologie „Einfach nur ein Engel", net-Verlag, aufgenommen.

Ebenfalls im Jahre 2012 erschienen die ersten Kurzgeschichten und Romane im BoD-Verlag

Weitere Bücher von Brigitte Anna Lina Wacker:

Und alles nur aus Liebe,
Roman
ISBN 978-3-8482-1773 1

Lass meine Hand nicht los,
Roman
ISBN 978-3-8482-1406-8

Engel auf meinem Weg,
Facetten einer Lebensgeschichte
ISBN 978-3-8448-08490

ABSCHIED VON ROBERT,
Eine wahre Begebenheit
ISBN 978-3-8482-1356-6

Solaras Traum,
(eine magische Begegnung)
ISBN 978-3-8482-2978-9

WUNDERSAM,
(wahre Geschichten)
ISBN 978-3-8482-6337-0

Sterne in dunkler Nacht,
(Erzählung)
ISBN 978-3-8482-3172-0

Hein Wattwurm auf Reisen
und andere Geschichten
ISBN 978-3-8482-0266-9

Kita – Vier Pfoten, eine Liebe,
die Geschichte eines Hundes
ISBN 978-3-7322-4902-2

Liebevolle Wünsche und Gedanken für Dich
ISBN 978-3-7357-1764-1

Das Märchen vom kleinen Sternchen
ISBN 978-3-735-7783-3

Paula,
Erlebnisse mit einem Hund
ISBN 978-3-7357-4303-9

Der kleine Apfel Balthasar,
ein Märchen für Träumende
ISBN 978-3-7357-82632-2

Sehnsucht lag am Wegesrand,
Gedanken, Bilder und Gedichte
ISBN 978-3-7386-11379

Leben...und Tage reihen sich wie Perlen
eine Auswahl der beliebtesten Kurzgeschichten und
Romane
ISBN 978-3-7347-3819-7

Ich wünsche dir Freundschaft...

Freundschaft ist was Wunderbares,
weil man sich von Herzen liebt
und sich alle Tage wieder
Zuneigung und Vertrauen gibt.

Freundschaft heißt, nicht wegzusehen,
sondern in Freud und Leid beieinander zu stehen,
gemeinsam zu lernen und auch zu lachen
und auch mal verrückte Dinge zu machen.

Auch muss man beachten an manchen Tagen:
es ist unmöglich, immer die gleiche Meinung zu
haben.
Und alles was trennt, gilt`s zu überwinden
und auch, viele Kompromisse zu finden.

Freundschaft heißt, sich beizustehen
und viele Wege gemeinsam zu gehen.
Freundschaft heißt, sich zu akzeptieren,
sich nicht in Egoismus zu verlieren.

Freundschaft ist kostbar wie Edelstein
und rein und köstlich wie guter Wein.
Freundschaft ist Gottes Geschenk und Segen,
ich wünsche sie dir für dein ganzes Leben.